d

ROLF RÖHRT

Ein Text von
Timon Meyer

mit Bildern von
Julian Meyer

Rolf röhrt!

Das stört.

Beim Frühstück
und im Supermarkt,
im Urlaub
und auf Klassenfahrt,

beim Fußball und beim Skilanglauf,
beim Volleyball und Minigolf:
Wer röhrt? Der Rolf!

Beim Zelten und beim Blaubeerpflücken
läuft es uns kalt über den Rücken.

Beim Basteln und
im Streichelzoo,

beim Fahrradfahren
sowieso.

Ja, es ist wirklich unerhört,
der Rolf, der röhrt.
Es reicht! Genug! *Silentio!*
Wir sind des Lebens nicht mehr froh.
Wir sind es leid, die Ohren schmerzen,
und bitten Rolf von ganzem Herzen:

Hör auf!

Und Rolf? Der schwört:

»Es wird nie mehr geröhrt!«

Doch:
beim Picknick und beim Kuchenbacken
und selbstverständlich auch beim ...

Rolf RÖHRT und RÖHRT

und RÖHRT und RÖHRT

Beim Zahnarzt und bei Oma Trude,
wenn Rolf kommt, wackelt gleich die Bude.
Die Nerven liegen völlig blank.
Wir flüchten in den Kleiderschrank,

dann auf den Boden
in die Truhe.
Wir wollen doch nur eines:

RUHE!

Nur Hirschkuh Irmchen, ganz betört,
fragt sich, wer da so schön röhrt?
»Das ist Musik in meinen Ohren.
Ich fühle mich wie neugeboren!«

Musik? Moment! Kann das denn stimmen?
Könnte uns Lärm auch Freude bringen?
Andy, der alte Vogel Strauß,
kramt schnell die E-Gitarre raus.
Ein Bass, ein Schlagzeug, noch zwei Geigen:

Die Tiere tanzen wild im Reigen
und lassen es gewaltig rocken.
Der gute Rolf ist von den Socken.

Verflogen ist der ganze Frust,
Rolf röhrt im Takt nach Herzenslust.
Der ganze Wald fängt an zu beben.
So geht es doch, so lässt sich's leben!
Wir feiern jetzt den ganzen Tag,
zeig mir ein Tier, was das nicht mag.

JULIAN MEYER, geboren 1983 in der Lüneburger Heide, war Tischler, bevor er Illustration in Münster studierte. Seit 2017 arbeitet er freiberuflich als Illustrator. Er ist Vater einer Tochter und lebt in Hamburg.

TIMON MEYER, geboren 1977 bei Stuttgart, lebt als freier Künstler und Autor mit seiner Familie in Queens, New York. Am liebsten schreibt er für Kinder.

Für Dennis
J. M. und T. M.